Mensch Mutter

Lyrik Ane Meynhold
Foto Conny Freytag

Mutterende   Mutti   Mamutschka

Ein Buch für Mütter und alle die eine haben…

Mama   Mutter   Mimi

Mamae   Mamilein

Mammama

Mom   Atrea

Muddern

Muddi

Mutsch

Mampa

Yemanja   Mami

I.

MUTTER

Wir haben alle eine Mutter.... Oh Gott!
Oder mamma mia!

Ja richtig,
sie ist eine Gottheit, verehrt in vielen Kulturen. Demeter, Venus, Muttererde, die schwarze Maria oder Yemanja. Leben schenkend, gebend, nährend, tröstend, die Gemeinschaft ordnend, nicht immer so, wie wir das für richtig halten.

Wahrscheinlich nicht das, woran Sie grad gedacht haben.

Eine Mutter ist lebenslänglich. Wie auch immer sie gewesen sein mag, ohne sie gäbe es uns nicht, ein Thema so alt wie die Menschheit.

Wie prägt es Menschen, wenn das Handeln 20 Jahre lang in erster Linie darauf ausgerichtet ist, andere zu nähren, zu behüten, zu schützen und zu trösten?

Welchen gesellschaftlichen Widerhall hat das Thema?

Und welcher künstlerische Widerhall findet sich?

Was ist der Reichtum dieser Erfahrung?
Warum behaupten so viele Frauen, trotz allem Geklage, es ist das Beste in ihrem Leben: das Muttersein?

Die Texte und Fotos werfen Fragen auf, Lichtflecken, Blitzlichter und Schattenrisse. Heitere, ironische und tragische Momentaufnahmen eines Archetyps in unseren Tagen.

Mütter haben Kinder,

und sie haben:
Väter, Mütter, Männer, Familien, Beziehungen, Trennungen, Sehnsüchte, Wunschträume, Schuldgefühle, Rollenbilder, Vorbilder, Schreckensvisionen
                                                und oft raue Hände.

Es gibt auch männliche Mütter, sie mögen sich bitte mit angesprochen fühlen.

Yemanja, mütterliche Gottheit aus dem afrobrasilianischem Glauben
Farbe blau und silber, sie wohnt auf dem Meeresgrund
und ist verschleiert. Sie ist der Ursprung des Lebens.
Wenn du eine Kette im Meer verlierst, hat sie Yemanja gefallen,
ertrinkt ein Seemann, hat sie ihn sich heimlich geholt.

Yemanja

YEMANJA
Meeresmutter

Im Meer, wo alles einst begann
im tiefen dunklen Blau
Zieht sie sich weite Röcke an
schöne Mutter, große Frau

Bewegend wogend, wiegend, mild
Beruhigt, sanft und rüttelt wild
Unendlich scheint ihr blaues Bild
Gütig, wenn Sie Schmerzen stillt

Sie nährt uns, trägt uns, wäscht uns rein
In ihr ist all verloren und all geborgen
Verschleiert, stille Schöpfungskraft
die Leben nimmt und Neues schafft

Doch wenn sie sich entschieden hat
ihr Wille der ist groß
Dann macht sie Ozeanriesen platt
bettet sie in ihrem Schoß

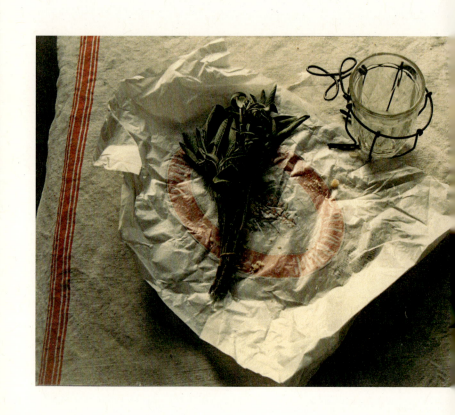

Tägliche meditative Praxis

Fencheltee

Müsli, Obst, Kindertee
und Brei

Wurstbrot oder Käsestulle, Äpfelchen
in die Brotdose

Nudel mit Tomatensoße und Salat
und Brei

Äpfelchen Banane und Butterkeks

Rührei mit Brot, Rohkost
und Brei

Milchpulle,
noch eine Milchpulle

Glas Wein

fein

Mutters Geburtstag

Für Bilder
gibt's keinen Platz an der Wand

Bücher
hat Sie noch so viele im Schrank

Die Wohnung
einrichten will Sie allein

Fällt Dir zum Schenken noch was ein
?

In Geschirr
kann Sie ersaufen

Klamotten
will Sie nur selber kaufen

P.S.: *und bitte nichts was dick macht*

Disincontro

Zwei Sterne steh'n am Himmel,
ein Schatten dazwischen
Den würde ich gern
mit dem Lappen wegwischen

Doch mein Arm etwas kurz
die Finger so klamm
Der Schatten wird Wolke
und ich komm nicht ran

Der Himmel wird schwarz,
kein Licht mehr zu sehen
Wär's keine Bindung,
würd mich umdrehen und gehen

Ich deck sie zu

Ich deck sie zu

Wie friedlich wie beschützenswert

Ich deck sie zu

Sie müssen nicht frieren, nicht hungern

Ich deck sie zu

Sie trifft keine Kugel, keine Mine im Garten

Ich deck sie zu

Schule, ein gutes Frühstück am Morgen

Ich deck sie zu

Hier gibt es Wasser

Ich deck sie zu

Und einen Arzt

Ich deck sie zu

Es schmerzt

Ich deck sie zu

Alle die unbedeckt schlafen

Ich decke zu

Für meine Kinder

Was ich gab, ich will es nicht zurück, tragt es in die Welt
Lasst Blumen wachsen in Mauerritzen, tut was euch gefällt

Die Liebe habt im Herzen, dass es warm und sicher schlägt
Lasst euch berühren darinnen, die Liebe ist,s die Schmerz erträgt

Meine Kraft lass ich bei euch, so ist der Lauf vom Leben
Und packt ihr zu, so könnt ihr spür'n , wie gut es ist zu geben

Reihenhausglück

Geht schon mal die Hände waschen
Chaos im Flur, das muss ich noch machen
Ich ruf noch schnell beim Geigen an
jetzt kommt erst mal der Mittag dran

Jung, setzt Dich endlich und iss
heute gibt's dies und morgen gibt's diss
Kannst Du vielleicht das Messer benutzen
dem Kleenen muss man die Neese putzen

Deine Schwester will auch noch Fisch
gieß doch den Saft nicht auf den Tisch
Bitte nicht alle auf einmal sprechen
nein, von Gräten muss man nicht brechen

Der Lütte hat wieder die Windel voll
Ja, das Bild aus der Schule ist toll
Bitte nicht immer die Katze quälen
Ich geb' Dir die Nummer, ja, du darfst wählen

Vokabeln abfragen? machen wir gleich
Nein, Holz wird beim Kochen nicht weich
Räum doch mal deine Sachen weg
Wenn Du so schmierst hat's keinen Zweck

Hört doch endlich auf zu streiten
muss ich denn jeden Mist ausfighten
Ich bring Dir gleich die Fußballsachen
Könnt ihr nicht kurz was alleine machen

Und dann, schreit sie den Kleensten an
Schämt sich leis', weil sie's nicht besser kann
Nach Wäschebergen, kochen, putzen, lieben,
ist von ihr, nicht viel übrig geblieben

Und jetzt, jetzt wird es endlich still
Nee einer schläft noch nicht und will
nur noch ein bisschen bei Dir sein
Sie schläft beim lesen sprachlos ein

Kommt er spät von der Arbeit zurück
Öffnet die Tür, denkt *mein kleines Glück*
Ein Zettel auf'm Tisch, bin schon im Bett
Stell noch Müll raus, bitte sei so nett

Morgens fragt er, na hattet ihr's schön?
Ich musst mit Kollegen noch essen gehen
Bemerkt, Mensch, muss denn der Tisch so kleben
Mit Bewunderung und Neid bedenkt sie sein Leben

Fünf Jahre später, Zeitungsnotiz „Hamburg Nord"
Beschuldigte spricht von Unfall, Kripo von Mord
Ich wollte ihn nur einmal an mich drücken
und fand ihn mit einem Messer im Rücken

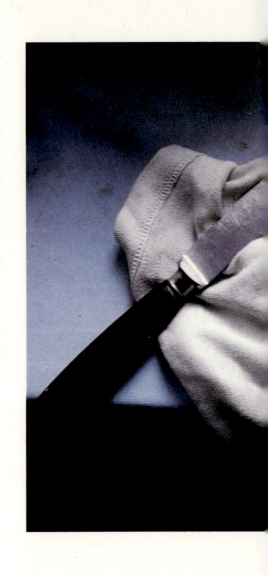

Zwei Gebete

Nachtfahrten 1

Kinder tragen, wie Säcke so schwer,
doch geben sie mir Stand
Grund, nicht an den nächsten Brückenpfeiler zu rasen,
ist eine kleine Hand

Sie ham ein Recht auf Leben
Sie ham ein Recht auf Glück
Sie ham ein Recht aufs Geben
Herrgott! schick mir den Mut zurück

Nachtfahrten 2

So dunkel war es lange nicht
Nicht wissen, wie den Tag überstehen
Nicht wissen, woher die Kraft nehm'n,
um Frühstück zu machen –
wie im Herd ein Feuer entfachen
Nicht verrückt werden
standhalten – dem Schmerz

Seelen-Abszess

Was tut mich da so plagen
Was kneift mir so der Magen
Es drückt und zwickt der Bauch
Die Seele quietscht nun auch

Das ist doch jetzt vermessen
Wir ham genug zu essen
Das Haus ist groß, der Garten fein
Die Kinder lieb und noch so klein

Mensch Seele halt den Rand
Du hast doch keen Verstand
Wo sitzt das Unbehagen
Hier gibt's doch nix zu klagen

Der Hunger, der ist anderswo
Da gibt es Krieg und Pest und so
Haiti liegt in Asche
Wir ham so viel auf Tasche

Epilog
Neurosen sollt man erhängen
am Galgen ohne Prozess
All dit jefühlte Drängen
auch Seelen haben Abszess

Knutschen

Ich knutsch den Elefant im Zoo
Ich sing für den Vagabund
Die Lerche erzählt Lügen
küsst heimlich einen Hund

Raus und wieder vogelfrei
ist besser als alles, todsicher
Mir schlottern die Knie, ach einerlei
Ich ahn' der Engel Gekicher

Rosskur

Ich lad Dich zu mir nach Hause ein
zeig Dir den Garten und fünf Kinderlein
Wir trinken Kaffee zwischen Abwaschbergen
und Du darfst nett sein zu meinen Zwergen

Dann aber komme ich Dich besuchen
trinken Tee und essen mit deiner Frau Kuchen
Wir werden uns alle sicher blendend verstehn

Das Heimlich schön begehren kann zum Teufel gehn

Gute Kinder

Die Eine so schön wie die dunkle Nacht
In Träumen hat sie sich's Bett gemacht
Und lacht sie, geht mehr als die Sonne auf
Vokabeln werden dem Teufel verkauft

Der andere so wild, weit, wie der Wind
Ein phantastisch Netz was er sich spinnt
Wird Jäger wenn er groß ist im Wald
Wenn er schwach wird, ist's ihm seltsam kalt

Der Große macht alles so richtig, so gut
Hat der zum Abgrund auch den Mut
Lieb, begabt, klug und charmant
Im Spiegel hat sich noch keiner erkannt

Der Kleene, heiter, wie Wolken so leicht
fürchtet sich immer und erbleicht
Ein Scherz ist der König seines Seins
für den gibt's nur wir, nicht wirklich meins

So verschieden und doch so verbunden
Euch zu schauen, sind meine schönsten Stunden

Wir werden alle als Königskinder geboren.

Fofa, Kleene

So schön und so zart
und manchmal so hart

So klar, unbeirrt
und leicht so verwirrt

Tief wie der Ozean
segelt eine Feder heran

Auf einen weiten Bogen gespannt
das warme Herz hält Stürmen stand

Das Leben ist groß, unendlich weit
mein Kind mach' deine Flügel breit

Wie Vogelchen stehen wir am Rand und sie fliegen.

Noch einmal Jung

Noch einmal

glauben, alles ist machbar, alles ist drin

Noch einmal

eine Schwärmerei für den Stoff halten

aus dem Träume gemacht sind

Übersehen können, was ich weiß

die Grenzen des Verstandes

mit dem Lächeln des Enthusiasmus sprengen

Die Zukunft für eine Erfindung halten

und Erwachsenwerden für eine Krankheit

Noch einmal Jung

Abflug - jd. gehen lassen

Mitten ins Herz hat's mich getroffen
Mitten ins Herz, das ist ein Ziel
Mitten ins Herz, da ist alles offen
Und wenn Du gehst, ich bin doch mit Dir

Ein uralt Band zwischen Zeit und Raum
Gefangenschaft oder Halt?
Der Apfel wäre doch nicht ohne den Baum
Das ist wie die Menschheit so alt

Refrain
Mitten ins Herz hat's mich getroffen
Mitten ins Herz, das war das Ziel
Mitten ins Herz, jetzt ist alles offen
Und wenn ich gehe, bleibe ich doch mit Dir

Ich lass Dich gehen, es ist so weit
Spür' die Luft, die ‚s uns macht
Verbindet uns durch Raum und Zeit
Ich wein', doch mein Herz, das lacht

Mitten ins Herz hat's mich getroffen
Mitten ins Herz, das ist ein Ziel
Mitten ins Herz, jetzt ist alles offen
Und wenn du gehst, es bleibt was von mir

II.

1+ 1 = 3

Ohne sie und ihn
gäbe es Dich nicht

ohne Dich und ihn
gäbe es mich nicht

ohne mich und ihn
gäb's Dich nicht

ohne Dich und ihn
wird es Keine geben

Im zweiten Teil
geht es um
die Liebe,
die Männer,
die Träume,
den Sex
oder
wie
ein Kind entsteht
und wächst.

Mütter werden Frauen nicht von allein. Ohne Mann geht es nicht.
Eine Geschichte, so alt wie die Menschheit. Im Idealfall geht es um
die Liebe.

Es gibt eine Beziehung.
Frauen werden Mütter aus Liebe, aus Leidenschaft, zufällig,
aus Pflichtbewusstsein oder weil sie sich schlichterdings verzählt
haben. Sie sehnen es herbei oder befürchten es und sie werden
abhängig von Anderen.

Ein afrikanisches Sprichwort sagt
„Um ein Kind zu zeugen braucht es Zwei, um es großzuziehen ein
ganzes Dorf."

Bei uns endet das Dorf meist in der Kleinfamilie. Sehnsucht nach
Liebe und Sicherheit treiben uns in dieses Bild von Erfüllung.
Häufig mit dementsprechender Überforderung Aller.

Doch der Beginn ist oft die Liebe, das Verlangen. Manchmal endet
es auch dort.

Wie geht die Liebe, wenn es zwei oder fünf Kinder in der Mitte
gibt?

Und was bleibt außer MAMPA, wenn es scheitert?

Es bleibt eine Kette von Ururgroßmüttern, Urgroßmüttern,
Großmüttern, Müttern, Töchtern und deren Kindern auf der wir
eine winzige Perle in einer Reihe sind, klein an Bedeutung in der
Zeit und frei.

Kind krieg

Erst ist man allein
dann ist man zu zwei'n
und plötzlich zu drei'n

Sie ist immer zu zwei'n
wünscht sich mal allein
Sie richtet (sich) ein

Er richtet was aus,
geht aus dem Haus
Er fällt etwas raus

Es fehlt das zu zwei'n
keinem fällt etwas ein
Das soll es jetzt sein?

Und sind sie zu drei'n
fühlt er sich allein
Sind sie zu zwei'n
ist sie so allein

Das kann's doch nicht sein

Sternenstaub

Aus Sternenstaub sind wir gemacht
aus Wassermolekülen
Der Himmel hat sich nicht's gedacht
beim Urknall, wusst' nichts von Gefühlen

So rasen wir durch Raum und Zeit
frei, doch fest an sie gebunden
Der Urknall kannt' keine Zweisamkeit
die hat der Mensch erfunden

Den Urknall hast Du im Bauch
und Sternenstaub in den Augen
Und küsst Du, dann denk daran
dem Mond soll man nix glauben

Bindung

Ihr Ja
hat er nicht genommen,
ihr

wollen
möchten
Lust-sein
toben
bitten
zürnen
fordern
sehnen

Jetzt nimmt Sie
sein Nein

und trägt schwer
an ihm

auch das verbindet

Mit und ohne Trauschein

So fremd und doch so vertraut
teilen Bad, Zahnbürste und Küche
Sie haben zusammen ein Haus gebaut
die Liebe ging in die Brüche

Zwischen ihnen ist's still und leer
der Garten blüht in allen Farben
Selbst sprechen ist 1000 Kilo schwer
die Kinder haben feine Narben

Alles ist im Grund doch gut
Andern geht's auch nicht besser
Sie kriegen das Leben unter'n Hut
streiten nicht bis auf's Messer

Bin ich wirklich schon so alt
Du arbeitest immer schneller
Komm, das Essen wird kalt
Zum Lachen gehen sie in' Keller

Altern

Die ersten Falten lieben lernen
Willkommen ihr Besenreißer
und Krähenfüße

Ich kenne diese Übung
wie mit einer fünf nach Hause gehen
und zur Beruhigung denken

auch das ist eine wichtige Erfahrung
im Leben

Gott ist die Hingabe,
die die Liebe bleiben lässt.

Hingabe und Leidenschaft

Die Hingabe an den Garten

leidenschaftlich Geranien züchten

Das Sprießen und Wachsen

die Natur, die Unberechenbare

Überraschend, voll, üppig oder nicht

Zärtlich die Pflänzchen hegen

heftig gerupft

das wuchernde Kraut

mit dem Rechen durch die Erde gewühlt

Und alles was man gibt

gibt der Garten

so dankend zurück

Duft umfängt

Blütenfarben locken

kraftvoller Austrieb nach mutigem Schnitt

Selbstvergessen berühren die Finger

greift die Hand

und lässt geschehen

Erstaunen über den Drang

mit dem Efeu die Mauer durchbohrt

friedevolle Stille des Abends

Per donna

steht an italienischen Boutiquen, heisst: für die Frau

Perdona, ich liebe Dich nicht mehr
Verzeih doch ich muss mit dir reden
Sieh den Regen, wie ein Vorhang so schwer
aus glitzernden, gläsernen Wasserfäden

Was jetzt noch bleibt, von all der Zeit
der Regen trommelt vorm Fenster
sind Anschuldigung und Bitterkeit
und andere kleine Gespenster

Bei solchem Wetter, wie nach Haus?
Der Himmel weint silberne Strippen
stehe am Fenster, schaue hinaus
Möcht' mein Herz in den Regen kippen

Ein Ende vom Lied

Zwischen Frühstücksei und Kinderbrei
vollen Windeln und vollen Tagen
haben wir uns getroffen und wieder verloren
da bleiben nicht viele Fragen

Was war's noch, was ich geträumt?
Ich hab es schon lange vergessen
Du hast den Rest dann abgeräumt
vom kalt gewordenen Essen

Zwischen Morgenkaffee und Gutenachtkuss
gab es vieles zu tun und zu lassen
Doch mit lieb und nett ist echt Schluss
ich schmeiße mit Tellern und Tassen

Was war's noch, was wir geträumt
wir haben's schon lang vergessen
Der Tisch der ist schon abgeräumt
es gibt nix mehr zu essen

Zwischen Gutenachtkuss und Morgenkaffee
gab es vieles zu tun und zu machen
Jetzt sitzen sie da und staunen nur
und können es nicht fassen

Refrain
Was war's noch, was wir geträumt…

Fallhöhe

Wie tief die Liebe
wie groß die Hoffnung
wie viel die Sehnsucht
Wie weit ich gegangen
merke ich erst

an der Fallhöhe

Julepule Heiterkeit

Es war die Art wie Du Kaffee trinkst
und die Tasse dabei hälst
Es war die Art, wie Du guckst
erzählst, und Fragen stellst

Es war die Art wie Du's erzählst
gründlich mit den Fragen quälst
um deine eigene Wahrheit ringst
mit Kind und Kegel über Klippen springst

Der Text war nicht besonders
schwer, nicht zu verstehen
Mit drei Kindern in nem Reihenhaus
er wollt zu der Neuen gehen

Im Grund war es zu schnell erzählt
und doch hat was in mir gewählt
Nur ein Idiot lässt die Allein
Das wird meine Freundin sein.

Mampa

Ich rauf mit euch, schlag
Nägel in ein Brett
kleb Pflaster auf das Knie
und sing am kleinen Bett

Verdien das Geld
steh draußen meinen Mann
Mama, Putzfrau, Krankenhaus
weil Frau ja alles kann

Ich koche gern und auch gesund
am Abend für uns drei
Fahr' Flugzeuglöffel in den Mund
und bin allein dabei

Ne Fahrradlampe kommt ans Rad
ein Regal schief an die Wand
Ich wiege euch auf meinem Schoß
und werd' Mampa genannt

Schuld bin ich an allem
was fehlt und nicht erbracht
Denn einer der nicht da ist
der hat nix falsch gemacht

Mütter haben auch Väter, das prägt ihre Beziehungen, lebenslang.

Ein Versprecher

Mein Schatz, das tun wir später
hat er ihr oft versprochen
War der lustigste aller Väter
und hat nach Bier gerochen

Er war so Groß und toll
ihr erster, einziger Held
Und war er richtig voll
hat er ihr nachgestellt

mit ihm lernte sie lachen
ein freier toleranter Geist
Wollte sie mit ihm was machen
ließ er sie warten, meist

Fremd, wenn er betrunken war
lallend, torkeln, unberechenbar
Es blieb ein Warten, Hoffen
und alle, alle Fragen offen

Sie hat sich so sehr abgemüht
für seinen weichen Blick
Irgendwann ist sie abgebrüht
sein ungewollter Sieg

Der Herrgott lässt die Wolken toben

Der Herrgott lässt die Wolken toben
ein goldener Schimmer bezirzt das Grau
Der Sturm flaut ab, lässt die Dächer oben
aus dem scheuen Kind wird eine Frau

Noch jeder Winter ist gegangen
Noch jeder Wind hat ausgeweht
Noch jeder Tag hat angefangen
Noch jedes Beben ausgebebt

Keine Angst bleibt für immer
Kein Zorn der nicht verraucht
Keine Trauer wird nur schlimmer
Keiner tut was keiner braucht

Und wenn es so ist
soll es leben
wie das Leben lacht und weint
Das zu fühlen ist uns gegeben
es trägt, bindet und vereint

Mutters Atem

Es rauscht der Wind, ihn kümmert's nicht
ob einer sich umbringt, ein Herz zerbricht
Er singt sein Lied durch alle Zeit
er braust, er säuselt ewig weit

Er bläst durch Leid und Abendrot
durch Feuersbrunst, durch Glück und Tod
Streift eine Wange, bricht einen Baum
er weht vorüber wie durch Traum

Für meine Mutter

Die Unruhe in deinen Händen
Mit einem Blick ein Gespräch beenden
Und diese Hast in den vier Wänden

Dass Du dich nicht wehren konntest
Immer musst ich Rücksicht nehm'
Und all deine Trauer und all die Tränen

Jetzt schaue ich auf meine Hände
Es ist wohl dreißig Jahre her
Sie zappeln, nesteln ohne Ende
Die Ruhe fällt ihnen sichtlich schwer

Danke

Hast mich gewogen, getragen
durch den Tag und manche Nacht
Ich muss es einfach sagen
das hat für mich sonst keiner gemacht

Hast mich zwei Jahre gefüttert
vor Wind und Sonne beschützt
Mein Kummer hat Dich erschüttert
deine Kraft hat mich gestützt

Verzweifelt gewartet, wenn ich nicht kam
und mich nicht oft erkannt
Und mit aller Liebe dein bestes getan
wer war's der Dich je verstand

Hast mich gehegt und behütet
vor Leid und Mangel bewahrt
Manchmal mit mir gewütet
nie lang' und selten zu hart

Hast dich mit an mir erfreut
und hast so Vieles gegeben
Ich reich es weiter an meine Kinder
eine uralte Ordnung vom Leben

Für Mama, von Conny

Notizen:

Besonderer Dank gilt
Colette für ihr feinsinniges Lektorat
Florentine und Gabrielle für Rat und Gestaltung
allen Freundinnen und Freunden
für Zuspruch und Unterstützung verschiedenster Art

Alle Rechte vorbehalten
copyright © Texte und Musik Ane Meynhold
copyright © Fotos Conny Freytag

Bezug
www.connyfreytag.de

Hamburg/Berlin 2015

Inhaltsverzeichnis

TEIL I.

Mutter	5
Yemanja	9
tägliche meditative Praxis	11
Mutter´s Geburtstag	12
Disincontro	15
Ich deck´ sie zu	19
Für meine Kinder	21
Reihenhaus Glück	24
zwei Gebete, Nachtfahrten	29
Seelenabzess	31
Knutschen, Rosskur	33
Gute Kinder	35
Fofa Kleene	39
noch einmal jung	41
Abflug	43

TEIL II.

Zweiter Teil	49
Kind krieg ehe	51
Sternenstaub	53
Bindung	59
mit und ohne Trauschein	58
Altern	59
Hingabe und Leidenschaft	63
Per Donna	65
Ende vom Lied	68
Fallhöhe	71
Jule Pule Heiterkeit	73
Mampa	75
Ein Versprecher	77
Der Herrgott lässt die Wolken toben	79
Mutter´s Atem	81
für meine Mutter	85
Danke	87
Eigene Notizen	90

Gedichte und Text von Ane Mynhold
Fotografien von Conny Freytag

Layout: Florentine Freytag, Gabrielle Dobak

ISBN 978-3-00-050855-4

© 2015

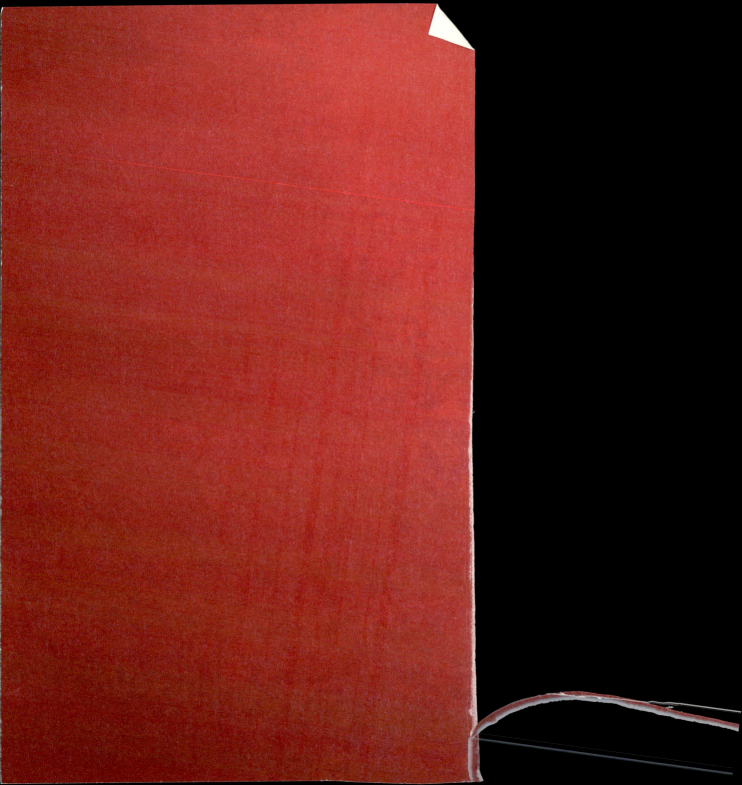